I0867879

Las tres ramas del Gobierno

Trabajar en equipo

Emma Carlson Berne

COMPUTACIÓN CIENTÍFICA EN EL MUNDO REAL™

Rosen Classroom™

Publicado en 2018 por The Rosen Publishing Group, Inc. 29 East 21st Street, New York, NY 10010

Autora: Emma Carlson Berne
Traductor: Alberto Jiménez
Directora editorial, español: Nathalie Beullens-Maoui
Editora, español: María Cristina Brusca
Editora, inglés: Caitie McAneney
Diseño del libro: Jennifer Ryder-Talbot

Todas las ilustraciones por Contentra Technologies

Library of Congress Cataloging-in-Publication Data

Names: Berne, Emma Carlson.
Title: Las tres ramas del Gobierno: Trabajar en equipo / Emma Carlson Berne.
Description: New York : Rosen Classroom, 2018. | Series: Niños digitales: Superdotados con pensamiento computacional / Computación científica en el mundo real | Includes glossary and index.
Identifiers: LCCN ISBN 9781538358450 (pbk.) | ISBN 9781538329139 (library bound) | ISBN 9781538358467 (6-pack) | ISBN 9781538358474 (ebook)
Subjects: LCSH: United States--Politics and government--Juvenile literature.
Classification: LCC JK40.B47 2018 | DDC 320.473'04--dc23

Créditos fotográficos: Cubierta, Orhan Cam/Shutterstock.com; p. 6-7 Drop of Light/ Shutterstock.com; p. 9 Cvandyke/Shutterstock.com; p. 10-11 turtix/ Shutterstock.com; p. 12 Steven Frame/Shutterstock.com; p. 15 Everett Historical/ Shutterstock.com; p. 16-17 Keith Tarrier/Shutterstock.com; p. 19 National Archive/ Newsmakers/Getty Images; p. 20-21 https://commons.wikimedia.org/wiki/File:Supreme_Court_of_the_United_States_-_Roberts_Court_2017.jpg.

Fabricado en Estados Unidos de América

Información de cumplimiento CPSIA Lote #WS18RC: Si desea más información póngase en contacto con Rosen Publishing, New York, New York, teléf. 1-800-237-9932

Contenido

Un Gobierno, tres ramas	**4**
División de poderes	**6**
El Congreso de la gente	**8**
El trabajo del presidente	**10**
La Corte Suprema	**13**
La Ley de Poderes de Guerra	**14**
El poder de hacer la guerra	**16**
División de poderes en acción	**18**
La Corte interviene	**20**
Trabajar unidos para cambiar	**22**
Glosario	**23**
Índice	**24**

Un Gobierno, tres ramas

¿Cómo se encarga un Gobierno de todo un país? Estados Unidos es una república democrática, lo que significa que la gente elige a sus representantes para que tomen decisiones sobre la nación. El Gobierno consta de tres ramas, para que no haya un grupo de personas con demasiado poder. Las tres trabajan en equipo por el bien común.

El Gobierno federal de Estados Unidos es un equipo dividido en tres ramas, o poderes: legislativa, ejecutiva y judicial. La legislativa es el Congreso, que elabora las leyes; la ejecutiva es la Presidencia, que hace cumplir las leyes; y la judicial, que incluye la Corte Suprema, **evalúa** las leyes y decide si respetan la **Constitución**.

Gobierno de Estados Unidos

ejecutivo (presidente) → hace cumplir las leyes

legislativo (Congreso) → aprueba las leyes

judicial (Corte Suprema) → evalúa las leyes

El Gobierno federal se compone de tres ramas que trabajan en equipo.

División de poderes

Los creadores de la Constitución de Estados Unidos establecieron las tres ramas del Gobierno para que trabajaran unidas sin que ninguna acaparara demasiado poder. Esto se denomina *división,* o separación, *de poderes.* Cada rama puede apoyar a las otras o contradecirlas.

El Gobierno de Estados Unidos tiene un sistema de división de poderes para asegurarse de que una de las ramas no sea demasiado poderosa. Muchos deben trabajar juntos.

Por ejemplo, el presidente —en representación de la rama ejecutiva— puede **vetar** o rechazar las leyes que el Congreso apruebe. El Congreso puede **invalidar** el veto del Presidente y decidir sobre los miembros que este **nombre** para el **Gabinete**. En situaciones graves, puede incluso quitar al presidente. El Tribunal Supremo decide si las leyes aprobadas por el Congreso y firmadas por el presidente son inconstitucionales, es decir, si no obedecen la Constitución.

El Congreso de la gente

El Congreso, compuesto por el Senado y la Cámara de Representantes, ofrece a la gente la relación más directa con el Gobierno, porque sus miembros (senadores y diputados) representan a los estados y las zonas pequeñas. En el Congreso, todos los ciudadanos tienen dos senadores y un diputado que hablan en favor de su zona.

Además, el Congreso controla al presidente de varias formas. Puede invalidar uno de sus vetos, diciendo: "No aceptamos su desacuerdo, ¡aprobamos esta ley!", puede aceptar o rechazar a quienes proponga el presidente para el Gabinete y, en casos muy graves, puede **recusar** al propio presidente, si este por ejemplo cometiera un delito.

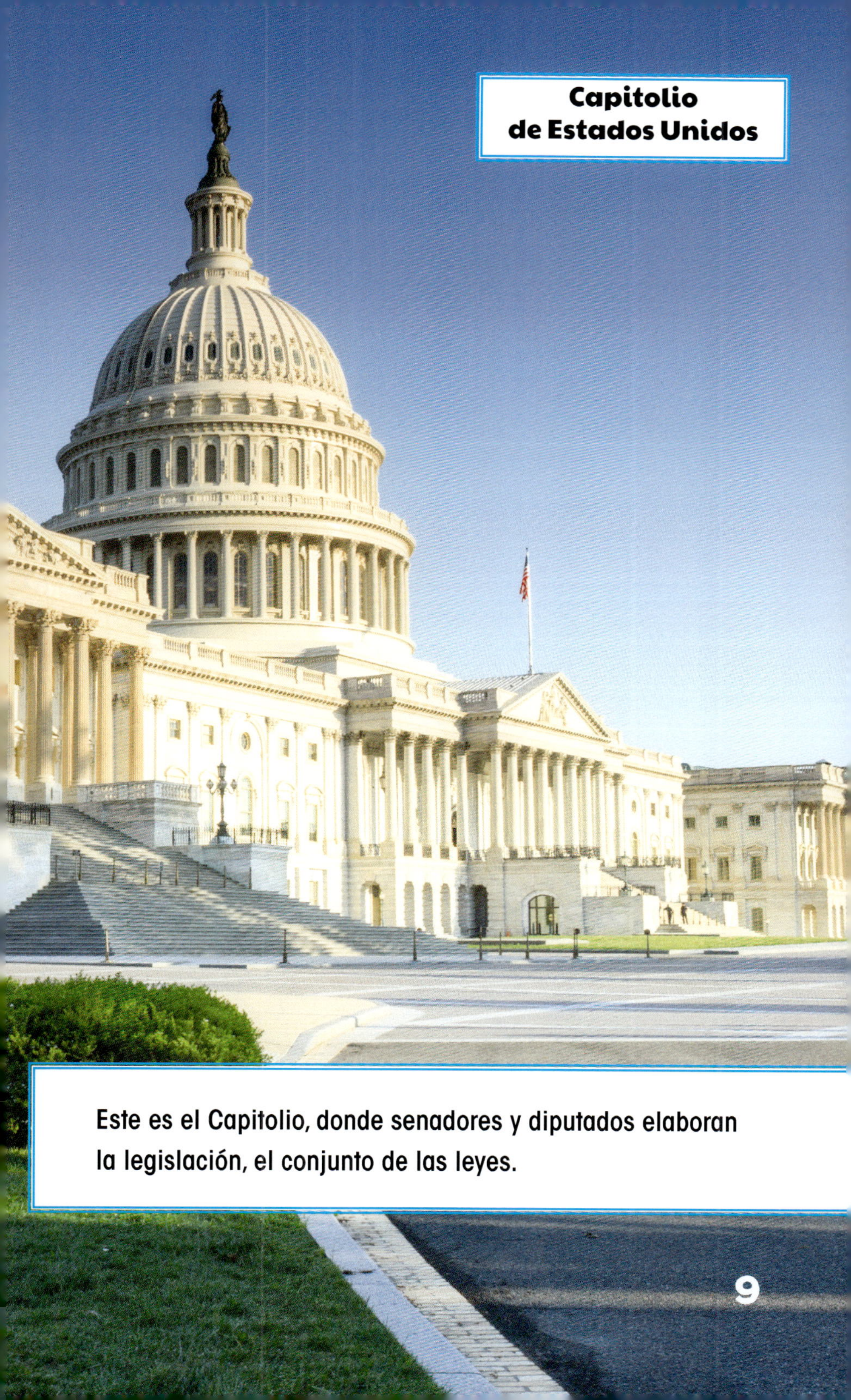

Capitolio de Estados Unidos

Este es el Capitolio, donde senadores y diputados elaboran la legislación, el conjunto de las leyes.

El trabajo del presidente

El presidente es el jefe de la rama ejecutiva del Gobierno y nuestro líder. También es el **portavoz** de nuestra nación, y a ella se dirige cuando hay desastres naturales o sucede algo malo. Recibe las leyes que aprueba el Congreso, las firma y las hace cumplir o las veta.

La Casa Blanca

En la rama ejecutiva trabajan unos cuatro millones de personas más, desde los militares a los carteros pasando por los secretarios del Tesoro. El presidente y el vicepresidente también trabajan con el Gabinete. Sus miembros, llamados *secretarios*, aconsejan al presidente sobre distintos temas.

El presidente, el vicepresidente y los miembros del Gabinete hacen cumplir las leyes que aprueba el Congreso.

Edificio de la Corte Suprema

El Gobierno da la oportunidad a que las ramas muestren su desacuerdo en varios momentos, y cuando trabajan unidas para alcanzar un **compromiso** hay un crecimiento positivo.

La Corte Suprema

Su nombre la describe: es el tribunal más alto de la nación. Tiene la última palabra sobre lo que es constitucional o inconstitucional. Este tribunal y otras cortes federales constituyen la rama judicial. Los abogados le presentan casos cuando creen que una ley es injusta o inconstitucional. La Corte Suprema escucha, pregunta y decide si mantiene la ley o la cambia.

Aunque puede eliminar las leyes que el Congreso aprueba y el presidente firma, sus miembros son **nominados** por el presidente y confirmados por el Congreso. Este sistema asegura que el presidente y el Congreso aprueban a los jueces antes de encargarles trabajo.

La Ley de Poderes de Guerra

Los ciudadanos vieron en acción el sistema de división de poderes cuando el Congreso aprobó la Ley de Poderes de Guerra de 1973.

Al Congreso le pareció una ley necesaria porque, desde la década de 1950 a la de 1970, Estados Unidos combatió en Corea y Vietnam, unas guerras sangrientas y muy **controvertidas** que se libraron sin **declaraciones** de guerra oficiales. En 1973 el presidente era Richard Nixon, que también ordenó el bombardeo de Camboya sin comunicarlo al Congreso, es decir, a los estadounidenses. El Congreso pensó que ya era hora de limitar la capacidad del presidente de hacer la guerra a su antojo.

Muchos pensaban que Estados Unidos no debía combatir en Vietnam.

El poder de hacer la guerra

En lo referente a la guerra, el Congreso y el presidente tienen que trabajar en común. El presidente es el jefe de las Fuerzas Armadas, su comandante en jefe. El Congreso tiene el poder de declarar la guerra y de dar el dinero y el apoyo necesarios a las tropas.

La Ley de Poderes de Guerra se aprobó después de que el presidente Nixon ordenara bombardeos secretos.

Como la labor del Congreso consiste en declarar oficialmente la guerra, debe controlar dónde y cuándo combate el país. No obstante, desde la década de 1950, los presidentes hicieron la guerra sin declararla de manera oficial. Tras veinte años de polémicas, el Congreso decidió revisar los poderes del presidente. Debían trabajar unidos por el bien de todos.

División de poderes en acción

Gracias al sistema de división de poderes, el Congreso pudo aprobar una ley para limitar el poder presidencial. El Senado y la Cámara de Representantes trabajaron juntos para aprobar la Ley de Poderes de Guerra de 1973, según la cual el presidente no podía hacer la guerra sin declararla oficialmente.

Nixon vetó la resolución, porque no quería que restringieran sus poderes, pero el Congreso contraatacó: votó e invalidó el veto. La resolución se mantuvo y los poderes del presidente se redujeron. Aunque parezca que en este caso las ramas ejecutiva y legislativa no trabajaran juntas, el sistema de división de poderes sirvió para proteger y representar a los estadounidenses.

El Congreso redujo el poder del presidente Nixon para hacer la guerra.

La Corte interviene

La Corte Suprema también se involucró en la Ley de Poderes de Guerra. En el caso de 1983 llamado "Servicios de Inmigración y Naturalización contra Chadha", la Corte decidió que el tipo de control que el Congreso había utilizado para limitar los poderes del presidente era inconstitucional. Este tipo de control, llamado *veto legislativo,* servía para dar más poder al Congreso sobre las decisiones del presidente.

La decisión de la Corte Suprema redujo la autoridad del Congreso y dio más poder al presidente. Como el Congreso se controla mediante la división de poderes, la autoridad que él mismo se había otorgado con la ley fue reducida y el poder presidencial aumentó.

Estos eran los jueces de la Corte Suprema de Estados Unidos en 2017.

Trabajar unidos para cambiar

La Ley de Poderes de Guerra sigue vigente, pero aún se discute. Ciertos grupos creen que el Congreso tiene demasiado poder. Este tipo de debates son la verdadera base de nuestro Gobierno.

Las tres ramas del Gobierno federal debaten sin cesar. Aunque parezca que la separación de poderes les impide trabajar en equipo, trabajan juntas día a día. Elaboran, aprueban y evalúan las leyes que nos afectan. Utilizan su capacidad y su poder para hacer cambios reales. Por separado no pueden conseguir gran cosa, pero cuando trabajan unidas y se ponen de acuerdo nos dejan ver lo mejor del Gobierno estadounidense.

Glosario

compromiso: Acuerdo o convenio.

constitución: Leyes básicas por las que se rige una nación o un Estado.

controvertido: Que origina discusiones.

declaración: Documento o discurso que da a conocer algo de manera formal u oficial.

evaluar: Determinar la condición o el valor de algo.

gabinete: Grupo de funcionarios nombrados por el presidente como consejeros.

invalidar: Quitarle el poder a alguien o algo.

nombrar: Designar a alguien para un cargo.

nominar: Preseleccionar a alguien para un cargo.

portavoz: Persona que habla en nombre de otra o de un grupo.

recusar: Rechazar o impedir algo.

veto: Poder de una rama del Gobierno para impedir que otra realice algo.

Índice

C

compromiso, 12
Congreso, 4, 5, 7, 8, 10, 11, 13, 14, 16, 17, 18, 19, 20, 21, 22
Constitución, 4, 6, 7
controvertido, 14
Corte Suprema, 4, 5, 12, 13, 20, 21

D

declaración, 14, 16, 17, 18

E

ejecutivo, 4, 5, 7, 10, 11, 18
evaluar, 4, 5, 22

G

Gabinete, 7, 8, 11

I

invalidar, 7, 8, 18

J

judicial, 4, 5, 13

L

legislativo, 4, 5, 18, 20
Ley de Poderes de Guerra, 14, 16, 18, 20, 21, 22

N

Nixon, Richard, 14, 16, 18, 19
nombrar, 7, 13
nominar, 13

P

portavoz, 10
presidente, 4, 5, 7, 8, 10, 11, 13, 14, 16, 17, 18, 19, 20, 21, 22

R

recusar, 8

V

veto, 7, 8, 10, 18, 20